L'ÉCOLE
DE LA
VOLUPTÉ.

Æneidum genitrix, hominum divumque voluptas, &c. Lucret. de Nat. rer. l. 1.

DANS L'ISLE DE CALYPSO,

Aux dépens des NYMPHES.

M. DCC. XLVII.

A MA CHERE AMIE,

C'*Est votre Ouvrage que je vous offre, votre seule idée m'a inspiré, je lui dois tout ce qu'il y a de plus délicat & de plus séduisant dans cet Essai. Vous vous y reconnoîtrez, vous y lirez avec plaisir l'Histoire de nos amours : j'en ai voulu laisser des traces publiques, pour me rappeller (si j'ai le malheur de ne pas vous ai-*

mer toûjours) combien vous m'avez été chere dans un tems, où mon cœur épuisé ne sentira peut-être plus rien. Il est des momens, vous m'aimez trop pour ne pas les connoître, où la force de l'imagination représente si vivement à l'esprit un objet adoré, qu'on croit le voir & être avec lui. Que dis-je, on le voit, on lui parle, on le touche, on le trouve sensible, on rend hommage à tous ses charmes. C'est dans ces heureux momens, ma chere Amie, que souvent l'illusion m'accorde de plus grands biens que la réalité même. Quels transports, quelle tendresse, quelles caresses vous recevez, vous rendez à votre amant! l'honneur, la raison, toutes ces belles chiméres, que vous respectez aux dépens de nos plaisirs, s'évanouissent enfin. Pourquoi mettez-vous des bornes à mon bonheur? se peut-il qu'un mortel dans vos bras forme encore un désir? La volupté en gémit, les sentimens du cœur ne peuvent lui suffire, son empire est fondé sur les derniéres faveurs: Il faut que tous les plaisirs des sens soyent réciproquement mêlés & confondus avec nos ames, pour qu'elles goûtent les plus délicieux transports.

C'est ainsi, ma chere Amie, qu'un cœur tendre & affligé cherche à soulager les maux que lui cause votre absence: malheureux cepen-

dant, après vous avoir fait connoître la volupté, de ne pouvoir aujourd'hui vous en offrir que la peinture.

L'ÉCOLE DE LA VOLUPTÉ.

O Vous ! heureux enfans de la volupté, vous que l'amour a pris ſoin de former lui-même pour ſervir à des projets dignes de lui, je veux dire, au bonheur du genre humain, échauffez-moi de votre génie, ouvrez-moi le ſanctuaire de la nature, éclairé par l'amour : Nouveau, mais plus heureux Prométhée, que j'y puiſe ce feu ſacré de la volupté, qui dans mon cœur, comme dans ſon temple, ne s'éteigne jamais.

Voltaire, ſois mon premier guide, tu

avois trop d'eſprit pour ne pas être voluptueux ; tu connois tous les charmes de la volupté , mais de la volupté des honnêtes gens. Chez toi noble, pour ainſi dire, polie, décente, elle n'a rien de groſſiérement laſcif ; épurée par la délicateſſe même, toute en ſentimens, elle ſéduit le cœur par l'eſprit : quel vuide, grands Dieux, tu nous fais voir dans un cœur ſans tendreſſe ! Non, rien ne peut le remplir, rien , tu dis vrai , rien ne peut remplacer l'amour. Mais pour exprimer, comme toi, la triſte ſituation d'un cœur qui ſe voit forcé de quitter le Dieu qui l'a quitté, d'un cœur , hélas ! qui ne peut plus aimer, il faudroit la ſentir de même. Quels regrets plus vifs que les tiens! ſans doute l'amour, qui en aura été touché, te fait encore quelquefois ſentir les approches du plus reſpectable des Dieux, ſigne conſolateur d'une Amante éperduë , & tel qu'au nautonnier allarmé ſe montre la brillante étoile du matin.

Ste. Foi , que j'aime la volupté de ton pinceau ! il étoit digne de peindre l'amour & les graces ; mais pourquoi faut-il que ton exemple & tes ſuccès m'apprennent qu'il n'eſt pas poſſible d'être long-tems voluptueux ?

Crebillon, voluptueux auſſi délicat que laſcif, quelle foule de beaux eſprits le goût du plaiſir, cet art de ſentir, raſſemble-tu autour de toi ? l'admiration eſt le moindre des ſentimens que tu leur inſpire. Mais connoîtrois-tu ſi bien le cœur des femmes, aurois-tu peint à la poſtérité celles de ton ſiécle avec des couleurs ſi voluptueuſement cauſtiques, ſi le plaiſir, le plaiſir même qu'elles t'ont donné, ingrat, ne t'eut éclairé ſur des défauts, précieux au tendre amour ?

Moncrif, eſprit aimable, & poli par le grand monde, on t'a injuſtement comparé à ces Chimiſtes ruinés, qui ont la fureur de nous enſeigner le ſecret de faire de l'or : le bonheur que tu as d'être aimé d'un grand Miniſtre, t'a fait croire qu'il y avoit un *art de plaire* ; peintre charmant des plaiſirs de la jeune *aurore*, & des regrets du vieux *Titon*, tu mériterois de recommencer ton cours, pour avoir ſi bien connu l'amour & la volupté ; ſi Jupiter t'accordoit de nouvelles années, tu les reperdrois dans les plaiſirs, mais moins vîte que ce prodigue Amant. Meilleur économe des faveurs du plus grand des Dieux, tu conſerverois ta jeuneſſe, pour prolonger ta félicité.

Voluptueux de toutes les ſaiſons que tu ſais embellir, gentil Bernard, apôtre & rival d'Ovide, quand donc veux-tu lui donner en public tes leçons dans l'art d'aimer ?

Greſſet, romps le ſilence, en continuant de nous décrire la volupté, ne ſera-ce pas la ſentir toi-même? ſi ton cœur eſt heureux, qu'importe qu'on te reproche que ton eſprit en ſoit énervé, peins-nous juſqu'aux plaiſirs qui ſe mêlent aux pavots de Morphée, peins-nous ces ſonges toûjours trop courts, où rien ne diſtrait l'ame enyvrée de la plus pure volupté, dis-nous ſi la vérité même fait plus d'impreſſion ſur les ſens. C'eſt ici la preuve que le bonheur n'eſt qu'une illuſion agréable, ou une heureuſe façon de ſentir, qui dépend de l'imagination. Mais que ton pinceau prête des couleurs aimables à cette vérité : Plus Poëte que Fontenelle, (*a*) ſois auſſi Philoſophe que lui, fonds la glace de ſes idées, ſans qu'elles perdent rien de leur juſteſſe. Anime, donne la vie aux objets, même les plus fantaſtiques: l'imagination voluptueuſe attend de toi ſon triomphe.

Et toi Bernis, convive aimable, qui fais oublier Grécour, tu es plus propre à inſpirer le goût du plaiſir, qu'à convertir les incrédules. Lis-nous ces vers charmans que t'ont dictés de concert les graces & la volupté, & qui, préſentés par Cypris, t'ont élevé à un rang que tu ne dois qu'aux ouvrages d'amour, qui ont ſû plaire à la connoiſſeuſe Déeſſe.

Toi-même enfin, libertin & impétueux Fréron, que veux-tu faire à pareil prix de la mauvaiſe ſucceſſion d'un Prêtre encore plus mauvais qu'elle? Crois-moi, laiſſe critiquer les eſprits froids, la critique décon-

(*a*) Souvent en s'attachant à des fantômes vains,
Notre raiſon ſéduite avec plaiſir s'égare,
Elle-même joüit des objets qu'elle a feints,
Et cette illuſion pour un moment répare
Le défaut des vrais biens, que la nature avare
N'a pas accordés aux humains.

certe les talens, & ne les vaut jamais: connois mieux l'impétuosité de son esprit, céde au beau feu de ton imagination poëtique, qu'il te serve à te bien peindre à toi-même les beautés de Lucrece, comme le nouveau traducteur de Pétrone s'étoit sans doute pénétré de celles de son Auteur. Pour bien traduire cet Ancien, il suffit d'être, je ne dis pas meilleur Philosophe que toi, mais aussi mauvais Phisicien que lui. Mais pour invoquer l'amour d'une maniére digne de ce Dieu & du Poëte qui l'a chanté, pour rendre en beaux vers les magnifiques descriptions d'un Ecrivain, qui s'exprimant toûjours avec force, n'a pas toûjours dédaigné l'harmonie, il ne faut rien moins que ton génie, & ton goût pour les plaisirs voluptueux; & c'est ici principalement que tu dois te montrer plus Epicurien que l'Auteur même.

Qui que vous soyez enfin, tendres sectateurs de la volupté, Catule, Anacréon, Tibule, Pétrone, Ovide, Chaulieu, Montesquieu, &c. s'il ne m'est pas donné de vous suivre, laissez-moi du moins un trait de flamme, qui me guide vers le temple de la volupté, comme ces Cométes qui laiſſent après elles un ſillon de lumiére qui montre leur route; mais entrons en matiére.

En général, plus on a d'eſprit, plus on a de panchant au plaiſir & à la volupté. Au contraire, il me paroît que dans le commerce du monde, les ſots, les eſprits bornés ſont communément les plus indifférens & les plus retenus. Sans doute le plaiſir qu'ils ſentent avec peu de vivacité, les emporte rarement au-delà des bornes de la raiſon. Examinez tous ceux qui ſe ſont ruinés pour s'être trop livrés au plaiſir; ce ſont pour la plûpart des gens qui ont autant d'eſprit, que peu de conduite.

C'eſt déja faire l'éloge des Ecrivains voluptueux; car pour peindre la volupté, il faut la ſentir, & on ne ſent d'une maniére exquiſe ou délicate qu'à force d'eſprit.

Je partage ces Auteurs en deux claſſes. Les uns ſont obſcénes & diſſolus, & les autres ſont des maîtres de volupté plus épurée. Les premiers proſtitués à la débauche, donnent dans les excès les plus odieux; ils écrivent preſque tous conformément à leur liberté de penſer, ou à la dépravation de leurs mœurs, & ils trouvent des lecteurs bien dignes d'eux, qui loin de détourner leurs regards, les fixent avec tranſport ſur la nudité de leurs tableaux, & qui loin de craindre l'impreſſion de peintures trop licentieuſes, s'y livrent éperdûment.

Le caractère de ces eſprits eſt de lever le rideau ſur les orgies des Baccantes, de révéler les miſtéres les plus impudiques du Dieu des jardins, & de ne pas même ſouffrir l'apparence de retenuë dans ces Nymphes, qui feignant de ne rien voir, regardent finement Priape au travers de leurs doigts écartés.

A peine ſont-ils entrés dans l'avenuë du temple de l'amour, qu'ils commencent par faire main baſſe, pour ainſi dire, ſur tout ce qui offenſe leurs regards; dans leur amoureuſe fureur, ils déchirent impitoyablement le voile de gaze qui couvre les appas naiſſans des plus jeunes Bergéres : Voulant tout voir, ſans rien imaginer, ſe privant du déſir même, ils ne croiroient pas avoir peint la nature, s'ils ne la repréſentoient nuë & dans

toutes

toutes ſortes d'attitudes, variées à l'infini par les mains ingénieuſes de la lubricité.

Telle eſt la laſciveté de leur imagination, qu'elle ne ſe repaît que des obſcénités les plus révoltantes. Si on les déguiſe, ſi on les adoucit, elle tombe dans l'ennui & dans la langueur, comme ces corps vigoureux trop foiblement nourris. Il n'eſt rien de trop fort pour leurs organes endurcis, il n'y a que les odeurs les plus impures qui puiſſent y faire impreſſion; & enfin, leur odorat corrompu, comme leur cœur, ſemble avoir regret aux moindres particules qui ne l'ont pas frappé : c'eſt autant de ſenſualités perduës. Mais encore une fois, toutes couvertes que ſont les productions de ces Ecrivains de l'écume la plus luxurieuſe, mille eſprits libertins les aiment & les chériſſent uniquement. A peine ſont-ils ſenſibles à de plus foibles attraits, tandis qu'ils reçoivent, avec tout le trouble des plus fortes paſſions, la molle douceur des idées laſcives qu'on leur communique. Admirable, mais dangereuſe ſimpatie de l'imagination de deux hommes différens! C'eſt ainſi que le goût du plaiſir, qui eſt un plaiſir lui-même, naît quelquefois de la débauche la plus outrée.

Tel eſt le danger de ces plumes impures, que la vertu la plus aſsûrée ſent bientôt qu'elle s'ébranle & chancelle. Le tempérament le plus tranquille & le plus froid ſe trouve peu à peu livré à une douce émotion, ſuivie de mouvemens & de déſirs, qu'un objet fantaſtique, vivement peint, fait quelquefois éclorre plus efficacement que la réalité dont il n'eſt que l'image.

Ainſi, plus un livre obſcéne eſt bien fait, plus tout y eſt imaginé avec force, plus les couleurs ſont vivement appliquées, plus ces ouvrages ſont ſéduiſans & dangereux, ſur-tout, ſi les yeux ſont frappés de la repréſentation même des horreurs qu'on décrit.

Toute impudique qu'eſt Venus, elle eſt la mere des hommes & des Dieux; par elle germe & brille la nature, & le monde entier ſe perpétuë : évitons ſes charmes, & redoutons ſa puiſſance. Si le plus ſage des mortels ne cherche pas ſon ſalut dans la ſuite, qui l'aſsûrera qu'il n'aura pas à ſe reprocher d'avoir rendu à la facile Déesse les hommages les plus grossiers?

Ces beaux esprits, qui, abusant des dons de la nature les plus précieux, ne se soûtiennent, ne brillent que par les plus sales peintures, ne méritent pas d'être ici nommés. Je ne sai même si je n'aurai point à rougir de m'arrêter un moment à ceux, qui dans ce même genre, se sont montrés plus voluptueux qu'obscénes, c'est-à-dire, qui au lieu de se livrer à une licence effrénée, ont excellé dans l'art de donner aux mêmes objets des couleurs plus douces, & qui enfin, supprimant toute expression choquante, ont affecté de conserver une espéce de dignité dans la prostitution de leur esprit & de leurs talens; semblables à ces femmes vertueuses, qui savent tomber avec décence, & s'attirer dans leur chûte autant d'hommage du respect même que du plaisir qui a séduit leur cœur. Je ne demande grace, au reste, que pour Pétrone: qui pourroit la refuser?

Avec quelle délicatesse cet ancien Auteur nous expose tous les genres de voluptés ! rien ne révolte, rien n'effarouche la pudeur dans ses écrits ; il sait l'apprivoiser par un air de retenuë, & il la séduit enfin, par les charmes de son esprit & par la volupté de son pinceau. Jamais un baiser n'est donné seul, il est suivi de mille autres baisers plus doux : leur feu se glisse secrétement dans les veines, l'ame éprouve les mêmes dégrés de plaisir & de séduction, par lesquels il fait passer les objets dont il est épris. Que de graces naïves & touchantes s'offrent de toutes parts ! Comme il raconte l'histoire de l'Ecolier de Pergame ! grands Dieux, l'aimable enfant ! la beauté seroit-elle donc de tous les sexes ? rien ne limiteroit-il son empire ? que de déserteurs du culte de Cypris ! que de cœurs enlevés à Cythère ! la Déesse en conçoit une juste jalousie, & quel bon Citoyen de l'Isle charmante qu'elle a fondée, ne soûpireroit avec elle de toutes les conquêtes que fait le rivage ennemi ? Beau sexe cependant, n'en soyez point si jaloux ; ce grand maître des voluptés que vous désapprouvez, a moins voulu, dans l'excès de son rafinement, vous causer des inquiétudes, que vous ménager des ressources contre l'ennuyeuse uniformité des plaisirs, &c. Combien d'amours, petits ou timides, qui s'effarouchant d'un côté, ont été bien-aises d'en trouver un autre, pour ne pas coucher, ou peut-être mourir (car qu'en sai-je) à la porte du temple!

Vous le savez, Thémire, & ce seul trait doit désarmer votre colére, vous vous souvenez du tribut amoureux que Pétrone rendît à vos charmes dans cette nuit de délices, dont il semble avoir conservé tous les transports. Quels plaisirs son ombre envelop-poit! Le Peintre passionné prend les Dieux & les Déesses pour témoins de son bonheur extrême : non, jamais les plus heureux habitans de l'Olimpe n'ont goûté de si grands biens. Que de mollesse! que de volupté! quelle joüissance, grands Dieux! pourquoi, qui sait aussi-bien aimer, n'est-il pas immortel comme vous? les deux Amans brûlans d'amour, colés étroitement ensemble, agités, immobiles, se communiquoient des soupirs de feu; leurs ames errantes sur leurs lévres, confonduës ensemble par les baisers les plus lascifs, ne se connoissoient plus; éperdûment livrés à toute l'yvresse des sens, elles n'étoient plus qu'un transport délicieux, avec lequel ces heureux mortels se sentoient mourir.

C'est ainsi que Pétrone parle de ses plaisirs ; ses peintures sont vives, mais elles n'ont rien d'indécent, rien de grossier, elles ne respirent que l'air le plus pur de la volupté. Mais j'ai lieu de craindre que cet air se corrompe, en passant par d'autres organes; & comme ses beautés, sa délicatesse est peut-être inimitable.

Qu'il faut d'esprit, & d'esprit voluptueux, pour bien rendre toutes les finesses de cet élégant Ecrivain! comme il peint encore, par exemple, comme il voile l'impuissance! & avec quelle ingénieuse adresse la Maîtresse de Polyenos remercie cette espéce de *Mazulim*, & fait trouver, à son exemple, du plaisir à n'en point avoir!

Si j'étois libertine, dit à peu près Circé, (car je traduis librement) je me plaindrois d'avoir été trompée; mais je rends graces à votre foiblesse, parce que je ne suis que voluptueuse. L'attente du plaisir a été pour moi un plaisir véritable. Que de doux momens nous avons passé ensemble à l'ombre de la volupté ! Oüi, sans doute, j'aurois été moins heureuse, si l'amour ne m'eût pas donné le tems de désirer ses faveurs.

Combien d'autres traits charmans je pourrois rapporter ! Pétrone donneroit envie de le lire à quiconque auroit seulement du goût pour le plaisir. Il inspire tout celui qu'il a, il conduit au temple de la volupté par un chemin tout fermé de fleurs ; que dis-je, c'est par la volupté même que ce courtisan trop aimable perfectionne, épure le sentiment de ceux qui le lisent avec un esprit digne de lui.

Il est une autre *Venus*, une autre source du plaisir, & d'autres Maîtres de volupté. Voluptueux, sans crapule & sans débauche, sensuels enfans du plaisir, dont ils sont plûtôt économes que sectateurs, ils boivent, pour ainsi dire, la volupté à longs traits ; ils n'ont pas une seule sensation sur laquelle ils ne se replient en quelque sorte mollement, & cette mollesse, par laquelle une impression plus profonde pénétre intimement les sens, est la vraie sensualité.

Essayons de mieux faire sentir la différence du caractère de ces divers Ecrivains. Chez ceux que nous avons appellés obscénes & impudiques, la nature violant toutes les loix de la pudeur & de la retenuë, & ne semblant connoître que celles de l'indécence & de la lubricité, n'offrent à nos sens agités que l'écumante lasciveté de ses mouvemens & de ses postures. Le même poison se trouve chez les autres, il y est seulement plus adouci, apprêté avec plus d'art; ils aiment à le cacher sous des fleurs, qui loin de le faire craindre, invitent à l'y chercher: Eh! que leurs succès m'ont bien appris que le sentiment du plaisir, épuré par la délicatesse & la vertu, loin d'exclurre la volupté, ne sert qu'à l'augmenter. Oüi, l'art avec lequel ils ménagent la pudeur, est celui de la faire disparoître. Ils font plus de conquêtes, sous le voile séducteur dont ils couvrent leurs objets, que ceux qui montrant tout à découvert, ne laissent plus rien à désirer.

Tels ſont les divers effets de l'attrait inſenſible ou groſſier de la volupté, que tantôt il ſéduit l'ame imperceptiblement, & ſemble ne marcher, en quelque ſorte, par un chemin couvert, que pour mieux ſurprendre nos cœurs, & tantôt déployant toutes ſes forces, elle nous maîtriſe ouvertement.

Le moyen de lui réſiſter? Dans l'univers entier tout céde à ſa puiſſance. Comment nos cœurs pourroient-ils être en ſûreté? la réflexion n'a pas le tems de les mettre en défenſe; mais s'il y a plus de plaiſir à être vaincu qu'à être vainqueur, une telle défaite vaut une victoire, les ſens triomphent dans le ſein de la volupté.

Dans la carriére de l'eſprit voluptueux, il eſt facile de diſtinguer la plume qui l'emporte ſur toutes les autres, c'eſt ſans doute celle des Ecrivains, qui ont fui toute idée d'obſcénité groſſiére. Il étoit trop juſte qu'ils fuſſent couronnés de myrthe par les mains des graces à demi nuës.

Au reſte, les uns & les autres conduiſent au même but, les uns plus vîte, les autres plus lentement. Le beau Narciſſe n'a point d'autre Maîtresse que lui. Il meurt d'amour dans les inutiles efforts qu'il fait pour & sur lui-même. Sapho voudroit être ce qu'elle n'est pas ; des désirs qu'elle ne peut satisfaire la rendent ingénieuse. Que n'imagine pas cette fille amoureuse de son sexe pour en changer en quelque sorte ? pour être homme, pour en goûter les plaisirs, elle fait notre personnage, ou plûtôt elle le jouë. (*a*) Suzon désire qu'on lui fasse ce qu'elle voit faire ; avec quelle amoureuse curiosité elle regarde les mistéres d'amour ! plus elle craint de troubler les Prêtres qui les célébrent, plus elle en est elle-même troublée ; mais ce trouble & cette émotion ravissent son ame : dans quel état de volupté ineffable elle est trouvée par son *Examinateur* ? Enfin, le beau Giton gronde le satire qu'il a choisi pour ses plaisirs : tout enfant qu'il est, il s'apperçoit bien de l'infidélité qu'Ascylte lui a faite, il donne à son mari plus de plaisir qu'une femme véritable. Il n'est donc pas surprenant qu'il mette ses faveurs au plus haut prix, & que le plus joli cheval, le coureur

(*a*) *Mentiturque virum ingeniosa Venus.*

de Macédoine le plus vite, puisse à peine les payer.

Voilà des descriptions dangereuses dans la bouche de ceux qui les ont faites, surtout, lorsque donnant un corps à ces idées, ils ont peint au naturel l'inconstance & la corruption du cœur, avec les postures les plus lascives de tous ces honteux enfans d'une débauche reprouvée par la nature. Certes de telles peintures ont beaucoup plus d'empire sur nos sens, que la description du temple de l'amour, des plaisirs de la belle Gabriële d'Estrées, de ceux même du Prince Jonquille, de Manon Lescaut, de Vertumne & Pomone, de Daphnis avec Chloé, que l'amour, en un mot, le plus voluptueusement rendu en chansons tendres & délicatement lubriques. Plus un tableau est lascif, plus il forme une imagination naïve & parlante d'une réalité qu'on adore. Si on ne joüit pas soi-même, on aime à voir, même en figure, ceux que la joüissance satisfait. La vûë des plaisirs d'autrui nous fait sentir que nous avons en nous-mêmes la facilité d'être aussi heureux, & qu'avec les mêmes désirs, il ſuffit d'invoquer le Dieu d'amour, pour être comblés des mêmes ſaveurs & ſentir les mêmes tranſports.

Tâchons de peindre ce genre épuré de la volupté. Ici, l'Eclogue, la flute à la main, décrit avec une tendre ſimplicité les amours des ſimples Bergers; Tircis aime avoir ſes moutons paître avec ceux de Sylvanire, ils ſont l'image de la réünion de leurs cœurs. C'eſt pour lui qu'amour la fit belle; il mourroit de douleur, ſi elle ne lui étoit pas toûjours fidéle. Là, c'eſt l'Elégie en pleurs, qui fait retentir les échos des plaintes & des cris d'un Amant malheureux. Il a tout perdu en perdant ce qu'il aime, il ne voit plus qu'à regret la lumiére du jour, il appelle ſérieuſement la mort, en demandant raiſon à la nature entiére de la perte qu'il a faite.

Il faut l'entendre exprimer lui-même la vivacité de ſes regrets entrecoupés de ſoupirs: la pudeur augmentoit les attraits de ſon Amante, qui la conſervoit dans le ſein même des plus grands plaiſirs, pour les rendre plus piquans. Avant lui, elle ne connoiſſoit point l'amour. Il ſe rappelle avec paſſion celle qu'il lui inſpira pour la premiére fois, & tout le plaiſir, mêlé d'une tendre inquiétude, qu'elle eût à ſentir une émotion nouvelle. Pendant combien d'années il l'aima, ſans oſer lui en faire l'aveu! comme il prit ſur lui de lui déclarer enfin ſa paſſion en tremblant! Hélas! elle n'en étoit que trop convaincuë, tous ces beaux noms de ſimpatie ou d'amitié la déguiſoient mal : elle ſentoit que l'amour ſe maſquoit pour mieux la tromper, & peut-être, ſans le ſavoir, aida-t'elle ce Dieu même à donner à ce parfait Amant autant de confiance que ſon reſpect lui en avoit inſpirée à elle-même. Mais ſe rendre digne des faveurs de Sylvie, étoit pour Damon d'un plus grand prix que de les obtenir. Aimer, être aimé, c'étoit pour ſon cœur délicat la premiére joüiſſance, joüiſſance ſans laquelle toutes les autres n'étoient rien. La vérité des ſentimens étoit l'ame de leur tendreſſe; enfin, ils ne connoiſſoient d'autre excès que celui de plaire & d'aimer.

Pleure (eh! qu'importe que l'on pleure, pourvû qu'on ſoit heureux) pleure, infortuné Berger, un cœur amoureux trouve des charmes à s'attendrir ; il chérit sa tristesse, les joyes les plus bruyantes n'ont pas les douceurs d'une tendre mélancolie. Pourquoi ne pas s'y livrer, puisque c'est un plaisir, & le seul plaisir qu'un cœur triste puisse goûter dans la solitude qu'il recherche ? Un jour viendra que, trop consolé, tu regretteras de ne plus sentir ce que tu as perdu. Trop heureux de conserver ton chagrin & tes regrets, si tu les perds, tu existeras comme si tu n'avois jamais aimé. Puisque tu te crois inconsolable, goûtes toutes les douceurs de cette illusion, tâches même, s'il t'est possible, de la méconnoître, pour être encore mieux trompé. Pourquoi faut-il que nous ayons à nous défier de nos sensations les plus intimes & les plus cheres ? Sommes-nous donc réduits à chérir tellement l'erreur, que nous ayons à craindre de n'y être plus livrés ? Hélas ! oüi, nos sentimens les plus doux sont involontaires comme nos pensées. Il faut s'attendre, loin d'y pouvoir compter, que ceux qui nous flattent le plus, nous seront bientôt à charge. Plus on a l'imagination vive, plus le cœur reçoit ſortement les impreſſions, plus on eſt volage ; il eſt trop impoſſible de ſentir longtems & vivement, & par conſéquent l'inconſtance eſt le partage néceſſaire de ceux qui ſavent le mieux aimer.

Ajoûtons de nouveaux traits au tableau que nous avons commencé.

Mademoiſelle *** eſt amoureuſe de Monſieur ***, elle craint de ſe livrer à l'objet de ſa paſſion, elle accorde à l'idée de ſon Amant plus qu'à lui-même : pourquoi? c'eſt, lui dit-elle, que je n'ai à craindre, avec votre idée, ni indiſcrétion, ni inconſtance, & que je la ſuppoſe, en un mot, telle que je voudrois que vous fuſſiez. Se peut-il que deux cœurs, faits l'un pour l'autre, puiſſent ſéparément être heureux, & que la nature trop induſtrieuſe ait imaginé les moyens de ſe paſſer de l'amour qui en gémit!

J'apperçois une fille timide que l'amour conduit tremblante au lit de ſon Amant, l'hymen ſeul, que ſa généroſité refuſe, pourroit la raſſûrer, elle ſe pâme dans les bras de Mélis, qui meurt de l'amour dans les ſiens ;

mais réſervée dans ſes plaiſirs, elle modére ſi bien ſes tranſports, qu'il n'eſt que trop sûr qu'elle ne confondra que ſes ſoupirs. Elle ſe défie de l'adreſſe même du Dieu qu'elle chérit; tout Dieu qu'il eſt, elle ne l'en croit que plus trompeur. Sa virginité lui eſt moins chere que ſon amour: ſans doute ſa curioſité ſeroit voluptueuſement ſatisfaite avec celle de ſon Amant; en faiſant tout pour lui, elle croit à peine avoir fait quelque choſe, parce que ce n'eſt point avec lui: elle ſent bien encore qu'elle le refuſe moins qu'elle-même; mais elle craint les fruits d'un amour éperdu; elle n'entend plus que la voix d'un fantôme, qui lui dit de ſe reſpecter. Quelqu'exceſſive que ſoit la tendreſſe d'un cœur qui n'avoit jamais aimé, elle n'eſt point à l'épreuve de l'infâmie, comme l'amour qu'elle a pour ſon Amant ne ſeroit point à l'épreuve du mépris. Dieu d'amour! ſe peut-il qu'une foible mortelle, que tu as ſéduite par tes plaiſirs, conſerve encore en aimant tant de retenuë, de force & de vertu!

Mais quels ſont ces deux enfans de différent ſexe qu'on laiſſe vivre ſeuls paiſible-

ment

ment enſemble ? Qu'ils ſeront heureux avec le tems ! Non, jamais l'amour n'aura eu de ſi tendres, ni de ſi fidéles ſectateurs. Sans éducation, & par conſéquent ſans préjugés, livrés ſans remords à une mutuelle ſimpatie, abandonnés à un inſtinct plus ſage que la raiſon, ils ne ſuivront que ce tendre panchant de la nature, qui ne peut être criminel, puiſqu'on n'y peut réſiſter, & qui eſt une vertu dans un cœur incapable de tromper. Voyez ce jeune garçon, déja il n'eſt plus homme, ſans s'en appercevoir. Quel nouveau feu vient de s'allumer dans ſes veines ! Il n'a plus les mêmes goûts ; ſes inclinations changent avec ſa voix. Pourquoi ce qui l'amuſoit, l'ennuie-t'il ? Tout occupé de ſon nouvel être, il cherche à débroüiller le cahos de la nature, il ſent, il déſire, ſans trop ſavoir ce qu'il ſent, ni ce qu'il déſire ; il entrevoit ſeulement par l'envie qu'il a d'être heureux, la puiſſance qu'il a de le devenir ; ſes déſirs confus forment un voile, qui dérobe à ſa vûë le bonheur qui l'attend. Conſolez-vous, jeunes Bergers, le flambeau de l'amour diſſipera bientôt les nüages qui retardent vos beaux jours. Les plaisirs après lesquels vous soupirez, ne vous seront pas toûjours inconnus.

La nature vous en offrira par-tout l'image; elle est attentive au bien-être de ceux qui la servent. Deux animaux s'accoupleront en votre présence; vous verrez des oiseaux se caresser sur une branche d'arbre; *tout vous sera de l'amour une leçon vivante.* Que de réflexions vont naître de ce nouveau spectacle! jusqu'où la curiosité ne portera-t'elle pas ses regards! l'amour l'éguillonne, il veut instruire l'un par l'autre; il a fait la gorge de la Bergére différente de celle du Berger; elle ne peut respirer, sans qu'elle s'éleve, malgré la contrainte de la pudeur, comme pour s'attirer autant de désirs que de regards. Pensées naïves, désirs, inquiétudes, c'est alors que tout se dit sans fard: on ne se dissimule aucuns sentimens, ils sont trop nouveaux, trop vifs, pour être contenus.

Mais n'y auroit-il point encore d'autre différence? Oh! oüi, & même beaucoup plus considérable; c'est la rose que le trop heureux hymen reçoit quelquefois des mains de l'amour ; rose vermeille, dont le bouton est à peine éclos, qu'elle veut être cueillie ; rose charmante, dont chaque feuille semble couverte & entourée d'un fin duvet, pour mieux cacher les amours qui y sont nichés, & les soûtenir plus mollement dans leurs ébats. Surpris de la beauté de cette fleur, avec quelle avidité le Berger la considére ! avec quel plaisir il la touche ! Le trouble de son cœur est marqué dans ses yeux ; la Bergére est aussi curieuse d'elle-même pour la premiére fois ; elle avoit déja vû son joli visage dans l'onde claire, dont les flots argentés arrosent son lit de gazon ; le même miroir va lui servir pour contempler des charmes secrets qu'elle ignoroit.

Mais elle découvre à son tour toute la différence qu'il y a entre elle & son Berger. Qu'elle lui rend bien toute sa surprise ! Toute émuë, elle y porte la main en tremblant, elle le caresse, & quoiqu'elle en ignore encore l'usage, son cœur bat si vîte, qu'elle ne se connoît presque plus. Mais enfin, lorsque la nature lui suggére cet usage, elle le regarde comme un monſtre; la choſe lui paroît abſolument impoſſible, elle ne ſait pas, la pauvre Nicette, tout ce que peut l'amour.

L'idée du crime n'a point été attachée à toutes ces recherches; elles ſont faites par de jeunes cœurs qui ont beſoin d'aimer avec une pureté d'ame que jamais n'empoiſonna le repentir. Heureux enfans! qui ne voudroit l'être comme vous! Bientôt vos yeux ne ſeront plus les mêmes, mais ils n'en ſeront pas moins innocens: le plaiſir n'habita jamais des cœurs impurs & corrompus; quel ſort plus digne d'envie! vous ignorez ce que vous êtes l'un à l'autre. Cette douce habitude de ſe voir ſans ceſſe, la voix du ſang ne déconcerte point l'amour, il n'en vole que plus vîte auprès de vous pour ſerrer vos liens & vous rendre plus fortunés; puiſſiez-vous vivre toûjours ignorés dans cette paiſible ſolitude, ſans connoître ceux à qui vous devez le jour. Le commerce des hommes ſeroit fatal à votre bonheur, un art impoſteur corromproit la ſimple nature, ſous les loix de laquelle vous vivez heureux; en perdant votre ignorance, vous perdriez tous vos plaiſirs.

Quels plaiſirs, grands Dieux, que ceux de l'amour! quels charmes plus ſéducteurs, plus raviſſans! peut-on appeller plaiſir tout ce qui n'eſt point amour! On goûte encore ſes bienſaits, même après qu'on les a reçûs; heureux ceux que la nature a doüés d'organes vigoureux! pour eux tous les jours ſe levent ſereins & voluptueux, pour eux la joüiſſance eſt un vrai beſoin ſans ceſſe renaiſſant, & le beſoin eſt le pere du plaiſir; mais plus heureux encore ceux dont l'imagination vive & lubrique tient toûjours les ſens dans l'*avant-goût* du plaiſir. Examinez leurs yeux, & jugez, ſi vous pouvez, s'ils vont au plaiſir ou s'ils en viennent. Non-ſeulement des Amans ainſi organiſés ſentiront de plus grands tranſports; mais joüiſſant encore long-tems après la joüiſſance, les reſtes de leur plaiſir leur ſeront chers & précieux: voyez comme ils les ménagent, les chériſſent, les prolongent; leur état eſt ſi charmant qu'ils planent, pour ainſi dire, avec volupté ſur ſes délices; ils voudroient ne les perdre jamais.

Dans le ſouverain plaiſir, dans ces momens divins, où l'ame ſemble nous quitter, pour paſſer dans l'objet adoré, où les deux Amans ne forment plus qu'un même cœur, qu'un même eſprit animé par l'amour, à force de ſentir on ne ſent rien, du moins on ne diſtingue aucune ſenſation, on eſt ravi, tranſporté, & ces tranſports ſont les ſeuls éloges dignes de la beauté.

Mais quelques vifs que ſoyent ces plaiſirs qui rempliſſent parfaitement notre ame, ce ne ſont jamais que des plaiſirs ; l'état ſeul qui leur ſuccéde, eſt la vraye volupté. L'ame alors moins enyvrée, eſt à elle-même préciſément autant qu'il faut pour contempler toute la douceur de ſon état, & joüir de ſa ſituation. Plus on a parfaitement ſervi l'amour, plus on goûte le prix de ſes ſervices, & tel eſt le bonheur de l'ame en ces momens délicieux, qu'elle ne déſire rien, ſi ce n'eſt de les faire durer long-tems.

Ne m'approchez pas, mortels fâcheux & turbulens, laiſſez-moi goûter à longs traits les faveurs de Thémire. Je ſuis anéanti, j'ai à peine la force d'ouvrir des yeux fermés par l'amour; mais que cette langueur a de délices! Je vois encore Thémire, elle eſt entre mes bras; mes mains aiment à s'égarer partout où l'amour les conduit; il n'y a pas dans tout ſon beau corps une ſeule partie que je ne couvre de mes baiſers. Ah! Dieux, que d'attraits & que d'hommages réels mérite l'illuſion même! que ne puis-je toûjours ainſi vous voir, Bergére! votre idée me ſuivant par-tout, me tiendroit lieu de vous-même: l'idée de la beauté vaut la beauté même, & ſouvent eſt encore plus ſéduiſante qu'elle. Doux ſouvenir de mes plaiſirs paſſés, ne me quittez jamais. De quelle douce & molle volupté je me ſens pénétré! Dieux puiſſans! ſe peut-il que les organes du corps ſuffiſent à tant de plaiſirs! Non, de ſi grands biens ne peuvent appartenir qu'à l'ame, & je la reconnois immortelle à ſes plaiſirs.

Amour, combien peu ſentent le prix de tes bontés! combien peu ſe reſpectent eux-mêmes dans les bras de la volupté! Oüi, ceux qui ſont capables de la moindre diſtinction, ceux à qui tes plaiſirs ne tiennent pas lieu de tous les autres, pour qui tu n'es pas tout l'univers, ceux-là, dis-je, indignes du rang de tes élûs, le font de tes faveurs ; plus ils te facrifient, plus ils foüillent tes autels & profanent ton temple : ce font des impudiques, & non des voluptueux, affez femblables à ces victimes de la débauche publique, qui font forcées de joüer tes plaifirs pour en donner.

Mais ne crains rien, ma chere Amie, fi ces impures m'ont quelquefois féduit par leurs attraits, c'étoit pour mieux t'affûrer mon cœur, comme je ne crains pas qu'un libertin me ravifle le tien. Nous fentons trop vivement l'un & l'autre, nous avons connu enfemble tout le prix de la tendreffe & de la volupté. Avec quel tranfport je me rappelle jufqu'aux moindres difcours que tu foupirois la premiére fois que la conquête de ton cœur fut la recompenfe du mien, & ce combat enchanteur de la vertu, de l'eftime & de l'amour ! comme à des mouvemens ingrats il en fuccéda peu à peu de plus doux qui ne t'inquiétoient pas moins ! tes yeux fe broüilloient, le rideau de l'amour fut bientôt tiré devant eux ; la force t'abandonnoit avec la raiſon ; tu ne ſavois ce que tu allois devenir ; tu craignois (hélas ! que cette ſimplicité ajoûtoit à tes charmes & à mon amour !) tu craignois de tomber en foibleſſe & de mourir au moment même que tu allois ſentir le bien-d'être & le plus grand des plaiſirs ! De quelle volupté encore ta tendreſſe fut ſuivie ! un doux ſilence ſuccéde aux plus violens tranſports. Dieux ! reſpectez l'égarement d'une aimable mortelle qui s'oublie dans des bras qu'elle adore ; elle eſt égale à vous en ces momens.

Pourquoi faut-il, amour, que le don de ſentir n'ait pas été accordé à toutes les femmes avec celui de plaire ? Le bonheur d'aimer, de joüir de ce qu'on aime, ne devroit-il pas toûjours faire goûter le grand plaiſir à qui a le pouvoir de le procurer ? Peut-être ce bonheur eſt-il ſi grand, lorſque tout eſt réciproque, qu'un cœur trop ſenſible pourroit à peine y ſuffire, s'il n'étoit quelquefois diminué par l'inſenſibilité de leurs Maîtreſſes. Mais comment des Bergéres, ſi tendrement aimées, joüiſſent-elles ſeules des faveurs de l'amour ? Ce Dieu ne pouvoit apparenment mieux punir les insensibles, qu'en ne leur faisant point partager ses douceurs.

Continuons de ne point nous asservir à une insipide méthode ; que le génie soit la seule régle qui me guide ; la volupté méconnoît l'ordre & le dédaigne : n'imitons pas ces esprits esclaves de l'art de transition ; ils glacent le cœur en parlant d'amour : que tout ressente ici le désòrdre des passions qu'il inspire, pourvû que le feu qui m'emporte, soit, s'il se peut, digne de la volupté.

Vous, qui baissez les yeux aux paroles les moins chatoüilleuses, précieuses & prudes, loin d'ici : la pudeur que vous affectez, est fille du caprice & des préjugés ; mais la volupté est la mere du plaisir, & son privilége la dispense de vous respecter, d'autant plus que vous n'êtes pas vous-mêmes (à ce qu'on dit) si austéres dans le deshabillé. Loin d'ici, race dévote, qui n'avez dans le cœur que le germe de tous les vices & pas une vertu. Etouffer les dons de la nature, c'est être indigne de vivre ; être hipocrite, c'est reprocher au Créateur d'avoir fait l'homme pour le plaisir, & tromper l'univers.

Diſparoiſſez auſſi, courtiſanes impudiques, il ſortit moins de maux de la boîte de Pandore que du ſein de vos plaiſirs. Hélas! que dis-je, des plaiſirs! Eh! en fût-il jamais ſans les ſentimens du cœur! Plus vous prodiguez vos faveurs, plus vous offenſez l'amour qui les deſavouë. Livrez vos corps aux ſatires, ceux qui s'en contentent en ſont dignes; mais vous ne l'êtes pas d'un cœur né ſenſible. La crainte & les regrets empoiſonnent des plaiſirs que vous ne partagez pas. Vous vous proſtituez en vain, en vain vous voulez m'obtenir par tous vos charmes, ce n'eſt point la joüiſſance des corps, c'eſt celle des ames qu'il me faut. Amour, pourquoi combles-tu de l'excès de tes bontés ceux qui ne ſont pas voluptueux? Le plaiſir qui ne conduit pas à la volupté eſt-il un plaiſir? Tu cédes à la brutalité; toi qui n'es Dieu que par la volupté, tu ne dois être ſéduit que par elle. On confond trop communément le plaiſir avec la volupté, & la volupté avec la débauche. Tâchons de marquer la différence eſſentielle qui ſe trouve entre toutes ces choſes, & que la phiſique même nous éclaire ici ; l'étude de la nature n'eſt pas ſans plaiſir pour un eſprit voluptueux.

Nos ſens ſont le ſiége du plaiſir ; il dépend de l'attention & du chatoüillement des nerſs. Dans le ſouverain plaiſir les nerſs ſont auſſi tendus qu'ils puiſſent l'être, pour ne pas cauſer de la douleur ; un point forme la barriére qui la ſépare du plaiſir ; celle de l'inſtinct & de la raiſon n'eſt pas plus mince : ce n'eſt donc que dans les ſens qu'il faut chercher le plaiſir ; les ſenſations d'eſprit les plus agréables ne ſont que des plaiſirs moins ſenſibles ; tout plaiſir de corps & d'eſprit vient donc des ſens, & c'eſt la diverſe délicateſſe des organes qui produit tous les divers dégrés de ſenſibilité.

Mais la volupté veut être recherchée plus loin ; elle nous manqueroit ſouvent, ſi nous ne l'attendions que des ſens : s'ils lui ſont néceſſaires, ils ne lui ſuffiſent pas, il faut que l'imagination ſupplée à ce qui leur manque. C'eſt elle qui met le prix à tout, elle échauffe le cœur, elle l'aide à former des déſirs, elle lui inſpire les moyens de les ſatisfaire. En examinant le plaisir qu'elle passe, pour ainsi dire, en revûë, le microscope dont elle semble se servir, le grossit & l'exagére, & c'est ainsi que la volupté même, cet art de joüir, n'est que l'art de se tromper. Ah! si je me trompe, en augmentant le plaisir de mes sensations & mon bonheur, puissai-je me tromper toûjours ainsi!

Mais puisque la volupté, & tous les sentimens de tendresse que l'amour inspire, résident moins dans les puissances du corps que dans celles du cœur, le plaisir ne sauroit fuir l'homme le plus blazé, pourvû que son imagination ne le soit pas: les mouvemens lascifs ont beau abandonner certaines parties; s'ils remontent à la tête & s'y conservent, ce dépôt précieux à l'ame l'élevera sur les débris du corps. Autereau a fait dans un âge fort avancé des ouvrages tendres & voluptueux: Jamais, peut-être, le cœur ne fut plus constamment intéressé que dans sa *Magie de l'amour* qu'il composa à 75. ans.

Pour avoir renoncé à l'amour, on n'en est souvent que plus digne de peindre ses voluptés; peut-être les sent-on d'une maniére recherchée & plus philoſophique. Tout eſt volupté pour un homme d'eſprit, tout eſt ſentiment pour un cerveau bien organiſé, tandis qu'un ſot connoît à peine le plaiſir ; ſes nerfs cependant peuvent entrer en convulſion depuis le ſommet de la tête juſqu'à la plante des pieds ; mais comme ils ſont engourdis & difficiles à remuer à leur origine, jamais, & cela faute d'imagination, ils ne goûteront la volupté. L'eſprit ſeul y conduit tellement, que je ſuis perſuadé, que ſi tous les hommes avoient précisément la même imagination, ils ſeroient tous également voluptueux. Eſprits mobiles & déliés, qui coulez librement dans mes veines, puiſſiez-vous toûjours au gré de mes déſirs faire voler le plaiſir dans mon cœur !

Vous êtes Allemand, Baron, & votre manie eſt de paroître voluptueux : Non, vous n'aurez jamais l'honneur de l'être ; puiſque la volupté eſt à l'ame ce que le plaiſir eſt au corps, le défaut de votre imagination ne vous permettra tout au plus d'être que débauché : or, qu'eſt-ce que la débauche ? l'excès du plaiſir ſans le goûter. Vous pourrez, je le ſai, faire des miracles en amour, vous pourrez vous ſignaler par d'éclatans exploits; tel eſt l'empire du corps, qu'il peut toûjours donner à l'ame, malgré elle, dans certaines circonſtances, le plaiſir même qu'elle ſe pardonne à peine d'avoir goûté dans le ſein de la rage & du déſeſpoir. Contentez-vous d'en prendre & d'en donner chaque jour; mais puiſque vous n'avez ni fineſſe ni délicateſſe dans votre façon de ſentir, le moyen de connoître la volupté? Ce plaiſir qui s'augmente par la réflexion eſt ſemblable, en quelque ſorte, à ces rayons de lumiéres qui tombent ſur la ſurface des corps ſolides. Ne vous ſuffit-il donc pas, petit fils d'Alcide, d'avoir dans le ſang tous les feux de Cythère & de Lampſaque, & de pouvoir dépenſer beaucoup, ſans paſſer pour diſſipateur; tandis que tant d'honnêtes gens économes, forcés d'une foible ſanté, ruinés par l'étude & le plaiſir, privés de leur premier reſſort, ſont réduits à ſuppléer à tout par l'art & le génie? Que ne voudrois-je point imaginer, belle Céphiſe, pour vous dédommager de mon peu de vigueur? avec quelle adresse, quelle industrie, quelle vivacité je voudrois me replier sur mon plaisir pour vous en donner ! Quel charmant badinage assaisonne des plaisirs que le désir soûtient ! L'*avant-goût* du plaisir ne vaut-il donc pas le dégoût qu'il traîne si souvent à sa suite ? Mais Céphise est contente, elle a pour Amant un des plus grands maîtres dans l'art des voluptés. Oüi certes, les plus inutiles efforts d'un voluptueux tournent plus à la gloire de l'amour, que le plaisir fugitif de ces espéces d'animaux, qui ne sentiroient rien, sans la force & l'élasticité de leurs organes. Le voluptueux seul réünit toutes les illusions, seul il joüit de toutes ses idées, il les appelle, il réveille celles qui lui plaisent au gré de son imagination ; non que je sache comment elle broye ses couleurs, mais l'image du plaisir qui en résulte, paroît être le plaisir même.

Suivons par-tout le voluptueux dans ses discours, dans ses démarches, dans ses plaisirs ; il distingue la volupté du plaisir, comme l'odeur de la fleur qui l'exhale, ou le son de l'instrument qui le produit. Voyez comme

comme il écoute & prête à chaque inſtant l'oreille à la voix ſecréte de ſes ſens ; pourquoi ? c'eſt pour mieux entendre le plaiſir : il croiroit ne l'avoir pas ſenti, s'il ne l'attiroit exprès. A-t'il entre ſes mains le bouquet de *Théréſe ?* comme il le conſidére ! il y trouve plus d'amour que de fleurs ; il le reſpire avec la plus tendre & la plus naïve volupté ; un feu ſecret s'allume dans ſes veines : quelle émotion ! & quelle en eſt la cauſe ? *C'eſt qu'il étoit contre le cœur de ſa chere Théréſe.*

C'eſt ainſi que l'art ajoûte à la nature, & fait la varier à l'infini ; le voluptueux ſenſible à tout, ne veut rien perdre & ne perd rien. Pour être heureux il n'a qu'à vouloir ; la volupté eſt l'objet de tous ſes projets & de tous ſes vœux ; il ne fait pas un pas, pas un geſte qui ne tende vers elle. S'il joüit des bienfaits de l'amour, mille joüiſſances préliminaires précédent la derniére joüiſſance ; il ne veut arriver au comble des faveurs que par d'imperceptibles dégrés ; ſurtout, il veut qu'on lui réſiſte, autant qu'il faut, pour augmenter ſes plaiſirs. S'il ſe proméne, le plus beau lieu, le chant des oiseaux, un ciel ſerein & tempéré, un air rempli du parfum des fleurs, une mer qui forme en ſe briſant des caſcades & des napes d'eau écumeuſe, fort au-deſſus de tout ce que l'art peut inventer, un boſquet impénétrable aux rayons du ſoleil, où l'on goûte la double volupté d'être au frais & de lire Chaulieu, le gazon le plus fin, le plus touffu qu'on foule avec ſa Maîtreſſe, dans un endroit du bois ſi écarté, que les regards profanes n'y peuvent pénétrer, enfin la plus belle vûë, la plus belle allée, celle où Diane ſe proméne elle-même avec toute ſa Cour, toute la nature eſt dans un cœur qui ſent la volupté.

Vous connoiſſez à préſent combien la volupté différe du plaiſir. Voici la différence qui ſe trouve entr'elle & la débauche.

La volupté eſt peut-être auſſi différente de la débauche que la vertu l'eſt du crime. Les cœurs corrompus ne peuvent être vertueux, & ceux-ci ne peuvent être débauchés ou criminels.

Le plaiſir eſt de l'eſſence de l'homme & de l'ordre de l'univers. La débauche ſeule,

& tout ce qui nuit à l'intérêt de la société, est crime ou désordre ; je n'en connois point d'autre. Le goût du plaisir a été donné à tous les animaux comme un attribut principal ; ils aiment le plaisir pour lui-même, sans porter plus loin leurs idées. L'homme seul, cet être raisonnable, peut s'élever jusqu'à la volupté ; il est distingué dans l'univers par son esprit ; un choix délicat, un goût épuré, en rafinant ses sensations, en les redoublant, en quelque sorte, par la réflexion, en a fait le plus parfait, c'est-à-dire, le plus heureux des êtres. S'il est malheureux, il faut croire que c'est par sa faute, ou par l'abus qu'il fait des dons de la nature.

Nous devons le bien-d'être au seul plaisir ; c'est lui qui a tissu la chaîne qui lie les hommes & les animaux : il me parle par mes organes & m'attache à la vie. Philosophe, indigne d'un si beau nom, vous voulez en vain me faire regarder la mort comme un bien : non, vous ne connoissez point le prix de la vie, c'est le plus grand de tous les biens ; sans elle, après quel bonheur imaginaire courez-vous ?

Chaque homme porte en ſoi le germe de ſon propre bonheur avec celui de la volupté. La mauvaiſe diſpoſition, ou le dérangement des organes, nous empêche d'en profiter ; cependant, je penſe que pour être auſſi heureux qu'il eſt poſſible de le devenir, il n'y a qu'à s'appliquer à connoître ſon temperament, ſes goûts, ſes paſſions, & ſavoir en faire un bon uſage, agir toûjours en conſéquence de ce qu'on ſent, de ce qu'on aime, ſatisfaire tous ſes déſirs, c'eſt-à-dire, tous les caprices de l'imagination ; ſi ce n'eſt pas là le bonheur, qu'on me diſe donc où il eſt.

La douleur eſt le plus grand des maux, la plûpart des Philoſophes lui ont donné le droit d'abréger nos tourmens ; mais qui a du plaiſir à ſentir, eſt, ſelon moi, digne de vivre & doit aimer la vie. Quoiqu'on en diſe, quoique chantent nos Poëtes, quand on a ſû profiter de tous les heureux momens, cuëilli toutes les fleurs ſemées ſur le fond de la vie, c'étoit la peine de naître, de vivre & de mourir. La mort, dit Lucréce, (*a*) ne nous regarde en rien ; je ſai qu'elle n'eſt

(*a*) *Mors .... ad nos nil pertinet hilum.*

rien en ſoi, & que la douleur eſt tout; mais la mort nous prive de tous les ſentimens que je chéris, ſon idée m'eſt affreuſe. Loin d'ici, trop affligeante image, je ne puis vous regarder fixement : non, je ne me réſoudrai jamais à ceſſer de ſentir, je ceſſe même d'être, en quelque ſorte, toutes les fois que je penſe que je ne ſerai plus. Mourons cependant, puiſqu'il le faut, mais que ce ſoit après avoir vêcu.

Le plaiſir eſt donc le plus bel appanage de l'homme. Qui s'y refuſe, viole les premiéres loix de ſon origine, & l'intention du Créateur. Ceux qui ne s'aiment pas eux-mêmes, comment aimeroient-ils les autres? Mais quelle erreur de s'imaginer qu'on ait de mauvaiſes mœurs, parce qu'on aime la volupté ! La vraye ſageſſe eſt-elle donc de fuir le bonheur & de rechercher tout ce qui déplaît à l'imagination, & ne peut conduire qu'au déſagrément de la vie? Non, le plaiſir eſt ſi étroitement lié au bonheur, que ces deux choſes ont été confonduës enſemble en différens ſiécles. Le ſage doit donc chercher le plaiſir, ſans lequel il ne peut être heureux. Voyez tout le brillant cortége de la joye, elle ne marche qu'escortée des jeux & des ris, la probité l'accompagne ; elle est le simbole de la pureté du cœur : le scélerat est triste & rêveur ; en proye aux plus cruels remords, la loi naturelle qu'il a violée le déchire à son tour : l'honnête homme, au contraire, rit, il épanoüit son cœur, il aime tant le plaisir & la volupté, que loin de rougir d'être fait pour la sentir, il la regarde comme la plus solide recompense de la vertu, & le plus beau partage de la raison. „ Le „ plaisir, dit un Auteur, qui m'en faut beau„ coup, est le seul bien réel qu'un honnête „ homme ait en ce monde.

Plaisir, maître souverain des hommes & des Dieux, devant qui tout disparoît, jusqu'à la raison même, tu sais combien mon cœur t'adore, & tous les sacrifices qu'il t'a fait ! Je ne sai si je mériterai d'avoir part aux éloges que je donne ; je me croirois indigne de toi, si je n'étois attentif à m'assûrer de ta présence, & à me rendre compte à moimême de tous tes bienfaits. Oüi, sans doute, je te dois de trop heureux momens, pour ne faire que ſentir ſimplement mon bonheur & ta puiſſance. La reconnoiſſance ſeroit ici un trop foible tribut : j'y ajoûte encore par la réflexion & l'examen des ſentimens les plus doux ; car ſi par-tout ailleurs la réflexion empoiſonne les plaiſirs, ici elle les augmente. Telle eſt la vraye volupté, l'eſprit & non l'inſtinct du plaiſir, l'art d'en uſer ſagement, de le ménager par raiſon & de le goûter par ſentiment.

Mais quoique je ſois ſenſible à tous les genres de volupté, laiſſons-les pour ne peindre que celle de l'amour. Revenons ſur nos pas, & que la Philoſophie ſe taiſe déſormais pour écouter la volupté.

Quel eſt cet Amant qui trouve ſa Maîtreſſe endormie ? jamais le ſommeil de l'amour même a-t'il été plus reſpecté ? Il voudroit impoſer ſilence à la nature entiére, pour mieux contempler ce qu'il adore. Comme ſes regards amoureux ſont avidement fixés ſur cette gorge négligenment découverte ! comme ils en parcourent, comme ils en pénétrent tous les charmes ! Que n'imagine point le malheureux Amant d'Iſſé, pour ſe *payer des larmes que la cruelle lui a fait verser!*

Tantôt sous la forme du *Temple de Gnyde*, un Philosophe de la fabrique de Chaulieu, offre à nos esprits enchantés la peinture de l'amour la plus vive & la plus voluptueusement délicate. Plein du Dieu qui l'inspire, à force d'en sentir les attraits, il nous en fait adorer la puissance. Comme il peint encore les plaisirs des Persans! ces heureux mortels qui ne couronnent que la lubricité, & n'offrent des prix qu'à ceux qui auront inventé des voluptés nouvelles. Certes, la Palme offerte n'a jamais été mieux méritée que par ce voluptueux Philosophe. C'est ainsi qu'un sage ose quelquefois ouvrir lui-même une école de volupté. Eh! quel autre en effet doit apprendre aux mortels le secret d'être heureux? Disciples d'Epicure, accourez tous, & rendez hommage à un Maître plus digne de vous.

Tantôt l'amour même séduit les cœurs par l'art de Protée; que n'imagine-t'il point pour peupler son empire? Il s'ébat sur un *Sopha*, théâtre de ses plaisirs aussi commode que discret: s'il dicte des billets doux & des lettres galantes, Mercure eſt prêt à les porter; il oublieroit plûtôt ſon caducée que de ne pas les rendre adroitement aux beautés à qui elles ſont adreſſées. Anacréon, Chaulieu, le voluptueux Chaulieu, font des vers légers, délicats, galanment négligés. Que cette négligence les rend aimables; mais ils ne ſont charmans que par l'air de volupté qu'ils reſpirent. Orphée liſant ces vers, les crut d'Apollon même ou de l'amour; il employa tous les charmes de ſon art pour en rendre l'harmonie plus touchante.

L'amour fait-il un *conte*, même *Japonnois*, il y met tant de volupté & de délicateſſe qu'on croit entendre *Pétrone*. S'il fait exécuter les ordres de l'Oracle, c'eſt pour mieux nous faire ſentir tout le pouvoir de ſa *magie*. Il nous attendrit avec une mere éplorée ou avec une Amante éperduë. Il ne perſécute *Phédre* que pour nous intéreſſer au cruel ſort d'une malheureuſe: c'eſt pour nous la faire adorer qu'il nous montre *Zaïre*, cette aimable *Zaïre*, digne auſſi d'un plus heureux deſtin. Pourquoi faut-il qu'une flamme auſſi pure ſoit éteinte par des préjugés qu'elle n'avoit pas, & que l'amour ait souffert qu'on ait éclairé la Reine de son empire sur d'autres intérêts que ceux de la volupté? N'étoit-elle donc pas digne d'une ignorance à laquelle son bonheur étoit attaché? Voulez-vous d'autres miracles de l'amour? la *Le Maure*, cette frêle & maigre machine, n'eût jamais pû penser : Qu'a fait l'amour? Il l'a organisée pour chanter; elle ravît nos ames par les sons de sa voix; la musique, cet art enchanteur, l'auroit-elle apprise à sentir?

J'apperçois deux danseuses autour de l'Arche de *Jephté*: dans l'une quelle agilité! quelle force! quelle précision! seroit-ce un homme déguisé? Elle m'étonne à un tel point, que je vois à peine le plaisir qui la suit : l'autre plus séduisante, forme des pas mesurés par les graces & composés par les amours. Est-ce Terpsicore, ou la volupté en personne? Divine enchanteresse, quel cœur de bronze & de diamant ne seroit pas pénétré de la lasciveté de tes mouvemens? étens, déployes seulement tes beaux bras, & je suis plus enchanté qu'*Amadis* même.

Atis, nouvel Atis, tu pouvois seul me

consoler de la perte de ce genre de volupté. Quels sons! quel désespoir! quels cris! „ Atis, Atis lui-même, a fait périr ce qu'il „ aime; il ne chante ses douleurs que pour les rendre plus vives. Chere & aimable Jéliotte, sers-toi de tout l'empire que tu as sur les cœurs sensibles; attendris les plus durs & les plus infléxibles; non, jamais la puissance d'Orphée n'égala la tienne.

Quelles formes, encore une fois, l'amour ne prend-t'il pas pour se glisser dans nos ames! Il suscite les intrigues & toutes les avantures galantes qui composent nos romans; il permet à l'imagination des Auteurs d'ajoûter ce qui manque à la réalité comme à son triomphe.

Jettez les yeux sur le *tableau de l'amour conjugal* & sur tous les ouvrages de ces Physiciens, qui, aimant plus la nature qu'ils ne l'ont connuë, ont cherché le plaisir dans les plus sérieuses recherches. Avec quelle ingénieuse adresse l'amour profite de l'ignorance même des mortels qu'il instruit! surtout il se plaît à éclairer les Amans qui, ne sachant rien, ne voudroient que savoir aimer. Vous le ſavez, *Daphnis* & *Chloé*, heureux ignorans, trop ſéduiſans Bergers, s'il n'y avoit du plaiſir à être ſéduit avec vous !

Où eſt l'amour (s'il m'eſt permis d'imiter ici un Auteur charmant ?) il eſt ſur les lévres de *Chloé* ; il n'a ſemé les lis ſur ſon teint que pour donner à *Daphnis* le plaiſir de les changer en roſes.

Voyez-le voltiger ſur ſon ſein ; comme il ſe jouë avec un ſoufle badin dans les boucles de ſes beaux cheveux blonds ! il folâtre de même ſous ce verd feuillage : la vie de ce jeune myrthe eſt bien courte, il ſera bientôt flétri : heureuſement il profite du peu de jours qui lui ſont accordés ; il ne ſe refuſe ni aux careſſes de *Flore*, ni aux douces haleines de *Zéphire*. Imitez-le en tout, Bergére ; que ſa vie ſoit l'image de la vôtre, & par la durée & par les plaiſirs.

Jeune *Chloé*, vous me fuyez ; en vaĩn je vous appelle ; en vain je vous pourſuis .... déja tous vos charmes ſe dérobent à ma vûë... Raſsûrons-nous ; l'amour qui a fait les coquettes, les cache de maniére, qu'elles ſeroient bien fâchées de ne pas être apperçuës.

A ces jeux d'enfans, que Virgile a ſi bien peints, qui peut méconnoître l'amour? Il ſe cache lui-même dans mille réduits; il veut qu'on l'y pourſuive; il ne demande pas plus de grace que la plus ſimple Bergére; il s'eſt fait une derniére retraite; il a voulu fixer les bornes de ſon empire avec le ſiége de la volupté: c'eſt là qu'il aime à s'arrêter, comme une tendre ſauvette ſur ſes petits, & il ne s'y arrête que pour avoir le plaiſir de s'y laiſſer prendre: ce ſeul plaiſir fait toute ſon ambition; pour en joüir, il enflamme tous les cœurs, il éclaire tous les eſprits, il a créé tous les ſens pour en ſatisfaire un ſeul.

Entrons dans quelque détail. Le plus beau ſpectacle du monde, c'eſt une belle femme, un beau viſage: à quoi ſerviroit mon imagination ſans mes yeux? Les aveugles de naiſſance n'imaginent rien: Les yeux ſeuls pouvoient faire paſſer l'image de la beauté dans mon ame, & l'empreinte en reſte vivement gravée dans mon cœur.

L'eſprit, tous les charmes de la converſation qui ne ſont pas ſans volupté, la douceur de la voix qui marque aſſez communément celle du caractère ; la musique, le goût du chant, sans l'oüie, que d'attraits perdus pour moi ! sans le tact j'étendrois en vain mon corps sur celui de ma Maîtresse, je ne sentirois point sa peau douce & fine, je serois privé d'une des ressources de l'amour & d'un de ses plus grands plaisirs : aurois-je sans l'odorat le plaisir de sentir l'odeur que j'aime dans ma Maîtresse? Enfin sans le goût, sans la facile correspondance des nefs du palais chatoüillé, que deviendroient tous ces misérables de l'amour désespéré ? Plus de baisers lascifs, plus d'espoir d'être heureux, la plus efficace des voluptés seroit perduë.

C'est ainsi que les cinq sens travaillent pour le sixiéme, dont la nature entiére a paruë uniquement occupée en nous formant. Organes de nos passions & de tous nos désirs, ils les servent, ils les entretiennent, ils les excitent pour qu'elles nous servent à leur tour, ou plûtôt les passions mêmes ; cet élément aussi nécessaire à l'homme que l'air qu'il respire, sont les plus fidéles ministres de la volupté : Plus elles nous portent au luxe, plus elles nous ouvrent la voye du bonheur. Voyez ce voluptueux, comme il ſirotte ſon vin, & ſait choiſir ſes mêts & ſes convives! Il préfére à tout ſes charmans tête-à-têtes, où les coudes ſur la table, les jambes entrelaſſées dans celles de ſa Maîtreſſe, il boit plus de voluptés que vin : Verſez, *Iris*, verſez, quelqu'excellent qu'il ſoit ; ce vin, diſtillé par l'amour, vous ſera rendu cette nuit en une liqueur mille fois plus délicieuſe. Mais eſt-il fatigué des hommages qu'il a rendu à vos charmes, laiſſez le ſommeil réparer ſes forces, autrement il ne pourroit plus fournir qu'une foible carriére. Venus, puiſſante Venus, attendez à voir paroître votre étoile, les plus doux plaiſirs naiſſent du ſein du repos. Morphée ne répand ſes pavots ſur la terre que pour préparer les humains au culte de l'amour. Vous entendez mal vos intérêts, Lucelle, n'éveillez pas ſi-tôt votre Amant : quel mortel plus digne de vous! il eſt voluptueux, en le reſpectant vous ménagerez vos plaiſirs.

Le beſoin d'aimer ſuccéde à la faim, à la ſoif & au ſommeil, & ce beſoin eſt tel quelquefois qu'il précipite les plus ſages dans les excès les plus honteux. Il eſt donc d'un Philoſophe voluptueux toûjours guidé par la probité, de le prévoir & de le prévenir de quelque maniére que ce ſoit. Toutes les paſſions s'éclipſent par la paſſion d'aimer; elle leur commande en Reine. Pour elle, l'ambitieux ſupplante ſon plus cher concurrent; l'avare ouvre ſes tréſors & devient prodigue; par elle, la laideur reçoit les honneurs de la beauté; par elle, les droits de l'amitié ſont anéantis; enfin, le libertin & le débauché ont du plaiſir à l'être; l'amour eſt cauſe de tout l'ordre & de tout le déſordre qui régne dans l'univers. Le marchand croit ne ſuivre que l'intérêt, & le guerrier jure qu'il n'eſt animé que par la gloire : vaine illuſion, tout ce que l'un a eu tant de peine à gagner, ſera donné pour une des nuits de la belle Didon : il croit s'enrichir en ſe ruinant, parce qu'il comble ce qu'il aime de ſes bienfaits; toutes les conquêtes de l'autre ne valent pas celles d'un cœur tel que celui de *Mélite*, dont tous les replis, quoique prodigieuſement étendus, peuvent à peine ſuffire aux ſentimens & aux tranſports d'une véritable

véritable passion. Les plus grands Rois du monde n'aiment à cueillir des lauriers que pour en faire des couronnes à l'amour.

Mais, que vois-je? l'affliction est peinte sur le visage du plus tendre Amant... C'est un jeune guerrier que l'honneur & le devoir obligent de dévancer son Prince en campagne. Il part demain; plus de délai, il n'a plus qu'une nuit à passer avec ce qu'il aime; l'amour en soupire. Mais quels vont être ses adieux! & comment les peindrai-je! Si la joye est commune, la tristesse l'est aussi; les larmes de la douleur sont confonduës avec celles du plaisir. Que d'incertains soupirs! quels regrets! quels sanglots! mais en même-tems que de voluptés & quels transports! Jamais l'amour n'avoit tant pleuré, & cependant n'avoit été si heureux. Quel redoublement de vivacité dans les caresses de ces tristes Amans! Les délices qu'ils goûtent en ce moment même, qu'ils ne goûteront plus le moment suivant, le trouble où l'absence la plus cruelle va les jetter, tout cela s'exprime par le plaisir & se confond dans lui-même; ils n'ont que le plaisir pour interprête;

mais puiſqu'il ſert à rendre deux paſſions diverſes, il va donc être doublé pour cette nuit. Doublé, ah! que dis-je! il ſera multiplié à l'infini; ces heureux Amans vont s'enyvrer d'amour, comme s'ils en vouloient prendre pour le reſte de leur vie. Leurs premiers tranſports ne ſont que feu, les ſuivans les ſurpaſſent, ils s'égarent, ils s'oublient, leurs ames s'embraſſent alternativement & tout enſemble, le plaiſir va les chercher juſqu'aux extrêmités d'eux-mêmes; & ne ſe contentant pas des voyes ouvertes, il ſe fait des paſſages à travers de tous les pores, comme pour ſe communiquer avec plus d'abondance. Semblable à ces ſources, qui reſſerrées par l'étroit tuyau dans lequel elles ſerpentent, ne ſe contentent pas d'une iſſuë auſſi large qu'elles-mêmes, crevent & ſe font jour en mille endroits; telle eſt l'impétuoſité du plaiſir.

Quels ſont alors les propos de ces Amans! S'ils parlent de leur volupté préſente, s'ils parlent de leurs regrets futurs, c'eſt encore le plaiſir qui exprime ces divers ſentimens. Ce, *je ne vous verrai plus*, ſe dit avec tendreſſe, il ſe dit encore avec flamme, il excite un nouveau tranſport; on ſe rembraſſe, on ſe reſſerre, on ſe replonge dans la plus douce yvreſſe, on s'inonde, on voudroit ſe néyer dans une mer de volupté. Avec quelle ardeur & quel courage ils partagent l'ouvrage d'amour! Rien dans eux n'eſt exempt de ce doux exercice; tout s'y raproche, tout y contribuë; la bouche donne cent baiſers les plus amoureuſement recherchés; l'œil dévore, la main parcourt, rien n'eſt diſtrait de ſon bonheur, tout s'y livre avidement, une douce mélancolie ajoûte au plaiſir je ne ſai quoi de ſingulier qui l'augmente, & met ces heureux Amans dans une ſituation rare que je ſens bien, mais qu'il eſt difficile de définir. Amour! c'eſt de ces Amans que tu devois dire:

Vîte, vîte, qu'on les deſſine
Pour mon cabinet de Paphos.

Ils t'en auroient donné le tems; je les vois mollement s'appeſantir & ſe livrer au repos qu'une douce fatigue leur procure; ils s'endorment, mais la nature, en prenant ses droits sur le corps, les exerce en même-tems sur l'imagination; c'est elle, non l'esprit, qui veille toûjours, les songes sont, pour ainsi dire, à sa solde, c'est par eux qu'elle fait sentir le plaisir aux Amans dans le sein même du sommeil. Ces fidéles rapporteurs des idées de la veille, ces parfaits comédiens, qui nous joüent sans cesse nos passions dans nous-mêmes, oublieront-ils leur rôle, quand le théâtre est dressé, que la toile est levée, & que de belles décorations les invitent à représenter? Non. Les criminels dans les fers font des réves cruels; le mondain n'est occupé que de bals & de spectacles; le trompeur est artificieux, comme le lâche est poltron en dormant; l'innocence n'a jamais révé rien de terrible. Voyez le tendre enfant dans son berceau, son visage est uni comme une glace, ses traits sont rians, sa petite paupiére est tranquille, sa bouche semble attendre le baiser que la nourrice est toûjours prête à lui donner: pourquoi le voluptueux ne joüiroit-il pas des mêmes bienfaits? Il ne s'est pas donné au ſommeil, c'eſt le ſommeil qui l'a ſaiſi dans les bras de la volupté ; Morphée, après l'avoir enyvré de ſes pavots, lui fera donc ſentir une ſituation charmante, qu'il n'a quittée qu'à regret. Belles, qui voyez vos Amans s'endormir ſur votre ſein, ſi vous êtes curieuſes d'eſſayer le tranſport d'un Amant aſſoupi, reſtez, s'il vous eſt poſſible, éveillées ; le même cœur, la même ame vous communiqueront leurs feux, feux, d'autant plus ardens, qu'il ne ſera pas diſtrait de vous par vous-même.

Il ſoupirera dans le fort de ſa tendreſſe, il vous parlera même, & vous pourrez lui répondre, mais que ce ſoit très-doucement ; gardez-vous ſur-tout de le ſeconder, vous l'éveilleriez par les moindres efforts ; laiſſez-le venir à bout des ſiens. Préſentez-vous tous les plaiſirs que goûte ſon ame, & puiſque l'imagination peint mieux à l'œil clos qu'à l'œil ouvert, figurez-vous comme vous y êtes divinement gravée ; joüiſſez de toute ſa volupté dans un calme profond & dans un parfait abandon de vous-même ; oubliez-vous, pour ne vous occuper que du bonheur de votre Amant ; écoutez ses soupirs dans un silence attentif ; comptez tous ses mouvemens, & vos plaisirs naîtront de vos réflexions sur les siens ; mais qu'il joüisse à la fin du repos dont il a besoin : livrez-vous y vous-même, en vous dérobant adroitement sous lui, de peur de le réveiller ; ne vous embarassez plus du soin de revoir la lumiére, votre Amant vous avertira du lever de l'aurore ; mais auparavant il se plaît à vous contempler dans les bras du sommeil ; son œil avide se repaît des charmes que son cœur adore, ils recevront tout ensemble, & chacun en particulier, l'hommage qui leur est dû. Avec quel art, quelle industrie il leve le voile qui les cache à sa vûë ! Que de beautés nouvelles pour lui ! il semble qu'il les découvre pour la premiére fois : ses regards curieux ne seroient jamais satisfaits ; mais il faut que le désir de voir fasse place au désir de sentir. Avec quelle adresse ses doigts légers voltigeront sur la superficie de votre peau douce & tenduë ! l'agneau ne bondit pas si légérement sur l'herbe tendre de la prairie : ensuite il étend toute la main sur cette surface polie, il la fait glisser d'un endroit à un autre; on diroit une glace qu'il veut éprouver. Mais son désir s'augmente par toutes ces épreuves, comme son feu s'irrite par de nouveaux larcins; il va bientôt vous éveiller, mais peu à peu; croyez-vous qu'il va vous prodiguer tous ces noms que sa tendresse aime à vous donner? Non, il est trop voluptueux pour ne pas se faire violence; sa bouche lui sera d'un autre usage; il donnera cent baisers tendres & légers à l'objet de sa passion; il ne les donnera pas brûlans, pour ne point l'éveiller encore; il s'approche, & plus léger que Zéphire, il se tient voluptueusement suspendu au-dessus d'un million de graces, qui agissent sur lui avec toute la force de leur aimant; il voudroit joüir d'une Amante endormie; déja il s'y dispose avec toutes les précautions & l'adresse imaginable, mais en vain; le cœur de Philis est averti des approches de son bonheur; ses pores sensibles à la plus légére titillation s'ouvriront à l'haleine de Zéphire. Il étoit tems, Bergére, les transports de votre Amant touchoient à leur comble, il n'étoit plus maître de lui ; ouvrez donc les yeux & acceptez avec plaisir les signes du réveil. C'est moi, dit-il, c'est ton cher Hylas qui t'aime plus qu'il n'a fait de sa vie ; il se laissera ensuite tomber mollement dans vos bras qu'un reste de sommeil vous fait étendre & ouvrir à la voix du plaisir ; il les entrelassera avec les siens, & se confondra de nouveau avec vous. C'est ainsi qu'à peine renduë à vous-même, vous sentirez la volupté du demi réveil, & que l'homme a été fait pour être heureux dans tous les divers états de sa vie.

C'est assez, Profet voluptueux, jurez à votre Maîtresse que vous lui serez fidéle ; l'amour ne perd rien à tous les sermens qu'il fait faire ; levez-vous, c'est ici qu'il faut s'arracher au plaisir, puisque les regrets l'accompagnent. N'attendez pas les plaintes & les pleurs d'une belle qui touche au moment de vous perdre ; arrachez-vous encore une fois, & n'excitez point des désirs que la nature & l'amour ne peuvent plus vous donner ; les plaisirs forcés par l'artifice ne sont plus des plaisirs ; songez que vous reverrez un jour votre Amante, ou que l'amour, dont l'empire ne finit qu'avec l'univers, ſenſible à de nouveaux beſoins, vous enflammera pour d'autres Bergéres, qui ſeront peut-être encore plus aimables. En amour comme à table, il vaut mieux garder des déſirs que d'en emprunter. Imitez le convive ſenſuel, il goûte de tous les mêts, mais légérement ; il ſe ménage de maniére, qu'il aime mieux déſirer quelque choſe qui n'ait pas été ſervi, que de ne pouvoir pas profiter de tout ce qu'on ſervira ; tandis que le gourmand gonflé & hors d'haleine, dès le premier ſervice, n'a plus de déſirs, du moins qu'il puiſſe ſatisfaire, ſemblable au ſigne de la fontaine.

Conſentons plûtôt à nous priver pour quelque tems de la volupté, que d'être forcés d'y renoncer, peut-être pour toûjours, en s'y engloutiſſant. Amans, qui êtes ſur le point de quitter vos belles, que vos adieux ſoyent tendres & paſſionnés, & pleins de ces nouveaux charmes que la triſteſſe y ajoûte, je veux que vous ſurpaſſiez un peu la nature, mais ne l'excédez jamais ; c'eſt à la tendresse à seconder le temperament, & à faire les derniers efforts : qu'il seroit heureux de trouver une ressource imprévûë, au moment même qu'on s'embrasse pour la derniére fois, & que les pleurs mutuels des deux Amans, prenant divers cours, semblent être les garans de leurs douleurs, en même-tems que la marque & le terme de leurs plaisirs !

Vous voyez combien de moyens divers l'Auteur de la nature a voulu employer, pour faire arriver les hommes plus ou moins vîte au but pour lequel ils ont été faits, qui est de croître & de multiplier ; loi qui a moins été donnée à l'homme qu'elle n'est née avec lui ; loi intime, panchant si naturel à nos cœurs, que toutes nos actions tendent uniquement à celle d'aimer, dont elles ne semblent être que des espéces de distractions nécessaires.

C'est ainsi que la faim, la soif, le sommeil, l'imagination, tous les appétits, toutes les passions, tous les sens, tant internes qu'externes, &, en un mot, tous les mouvemens de notre machine conduisent à l'amour, & de l'amour à la volupté; des êtres organisés pour être heureux, des êtres qui n'ont pas un seul point dans tous leurs corps qui ne soit sensible au plaisir, comme pour les exciter dans leur indifférence létargique, & leur montrer par-tout le chemin du plaisir. O nature! ô amour! ô comble de vos bontés! quels cœurs n'en seroient pas pénétrés! quels Bergers sûrs d'attendre un but si désirable, seroient pressés de perdre des sensations, qu'ils ne seroient peut-être plus les maîtres de se procurer une seconde fois? On n'est digne des faveurs de l'amour que par l'art de bien ménager ses plaisirs. Heureuses enfin les Bergéres, pour qui l'amour a formé des Amans, aussi économes de ses bienfaits, que tendres & reconnoissans; sans doute, il se fait un plaisir de les éclairer lui-même du flambeau de la volupté.

FIN.

www.ingramcontent.com/pod-product-compliance
Ingram Content Group UK Ltd.
Pitfield, Milton Keynes, MK11 3LW, UK
UKHW021628260726
13994UKWH00003B/1128

9 782329 230443